紫金·微國學

张建云◎著

天津出版传媒集团

天津人民出版社

图书在版编目（ＣＩＰ）数据

　紫金·微国学 / 张建云著 . -- 天津 : 天津人民出
版社 , 2019.1
　ISBN 978-7-201-13330-0

　Ⅰ . ①紫… Ⅱ . ①张… Ⅲ . ①国学—通俗读物 Ⅳ .
① Z126-49

中国版本图书馆 CIP 数据核字 (2018) 第 076363 号

紫金·微国学
ZIJIN WEIGUOXUE
张建云 著

出　　　版　天津人民出版社
出 版 人　刘　庆
地　　　址　天津市和平区西康路 35 号康岳大厦
邮政编码　300051
邮购电话　（022）23332469
网　　　址　http://www.tjrmcbs.com
电子邮箱　tjrmcbs@126.com

责任编辑　张素梅
装帧设计　汤　磊
封面题字　何俊田
插画绘制　李　莹
特约校对　邢志高
音频演播　张正伊

印　　　刷　天津市豪迈印务有限公司
经　　　销　新华书店
开　　　本　787 毫米 × 1092 毫米　1/16
印　　　张　13.5
插　　　页　1
字　　　数　15 千字
版次印次　2019 年 1 月第 1 版　2019 年 1 月第 1 次印刷
定　　　价　68.00 元

褪去虚浮才是真

张建云

为国学开门，为国学开路，为国学开心，是微国学的任务。

开心不单是"开怀一笑"，更是打开心智，化解烦恼，彻悟人生。生活里所有的不快都是心灵闭塞所致，所以，将儒家中庸、道家无为、释家出世、法家法治和墨家兼爱等思想掰开揉碎，如和面一般糅进日子里极其必要。

有人问，季羡林先生创立"大国学"概念，你创立"微国学"概念，是要同季先生一比高下吗？

我说，没想过。季先生是季先生，张先生是张先生。

他再问，假设国学造诣 100 分为满分，季羡林 95 分，你给自己打多少分？

我说，请你放下"比"的功利，不要拿自己的主张来衡量别人的诚意。每个人尽自己的力量来研习学问，没有人能够功德圆满，但都奔赴在尽善尽美的路上。日子不过是个完美有缺的存在。一个人的博大深邃不高贵，高贵的是纯粹而持久。或者彩霞满天，或者萤火微光，但尽身心之力，而不是用所学来炫耀、来虚荣、来欺压或者怒骂。

比作家的书、学者的课更重要的是写书人和讲课者的人格完善。

喜欢紫色。因为紫色由温暖的红色和冷静的蓝色混合而成，在中国传统里代表尊贵。如故宫又称为"紫禁城"；比喻征兆吉祥，我们说"紫气东来"；称颂人德行高洁、为人宽厚，说"紫芝眉宇"。

喜欢金子。并不是因为贵，而是因为纯。这也恰是现代人欠缺的品质。我们喜欢权钱名利，但却不问拥有权钱名利的人道德是否纯正，品格是否纯正，良心是否纯正。实则，不纯正的权钱名利如同掺杂了铜铁的金子，成色不足，大而无价，不过是个虚浮的存在。

褪去虚浮才是真。

目录

生活凶手

临财毋苟得，临难毋苟免。

——《礼记·曲礼上》

《礼记》说："临财毋苟得，临难毋苟免。"

提醒人们见钱应谨慎，遇难不躲避。

生活里，权、钱、名、色太多、太美、太温柔。但属于自己的太少，其余都是别人的。把别人的据为己有，只有偷、骗、抢。

于是，我们成为生活凶手。

凶手很悲催，大多把尊严输给困难和屈辱。

拒绝
来路不明的财物
才可能
光明正大地远行
——《生活凶手》

迟到的罚款

上士闻道，勤而行之；中士闻道，若存若亡；
下士闻道，大笑之。不笑不足以为道。

——《道德经》第四十一章

《道德经》云："上士闻道，勤而行之；中士闻道，若存若亡；下士闻道，大笑之。不笑不足以为道。"描述了三种人对道的态度。上等人努力践行，中等人将信将疑，下等人因为不理解哈哈大笑。

当我们对改变怀疑或不屑时，早有人上路了。有的人醒悟后紧追，对不起，迟到的罚款。

生活中

有时迟到一次

就要用一生来追赶

——《迟到的罚款》

与道同行

子曰：道不远人，人之为道而远人，不可以为道。

——《中庸》

《中庸》说："道不远人。"

生活中有不偏不倚的大道就在眼前，而很多人却喜欢去远处寻找。正像有人向往远方的玫瑰园，却忽视身边盛开的玫瑰；修炼之人偏要到深山老林，竟然忘记内心宁静、身边亲朋、手中工作才是真经一样。

大喝一声，放下痴迷，还我本真，与道同行。

有**你**在，就是**我**的晴天

——《与道同行》

说行善

教人以善谓之忠。

——《孟子·滕文公上》

《孟子》曰："教人以善谓之忠。"

做善事总想让人知道不是真善，做了恶事生怕人知道必是大恶。真善是自己先善，再助人善。有些家长，自己不读书，偏让孩子读书；有些老师，自己无德，却教学生有德；有些商人，自己无善心，竟做慈善事。呜呼！

对己不忠，如何行善？

好日子三件事

淡泊读书

清闲喝茶

置手机于一边

——《说行善》

说朋友

君子之交淡若水，小人之交甘若醴。

——《庄子·山木》

《庄子》说："君子之交淡若水，小人之交甘若醴。"

意为真朋友若清水一杯，淡然相悦、两情相知；次一等的友谊就热闹了，喝酒、唱歌、打牌、旅游，甚至洗澡、按摩时常一块儿。没有形影不离的闺蜜，本无从始至终的哥们儿。

若是真交，不必赘述。少盯着人家的权钱名利。

真朋友，倒茶即是茶道

假应酬，茶道无非倒茶

——《说朋友》

说孝敬

以爱妻子之心事亲，则无往而不孝。

——《曾国藩家书》

曾国藩说："以爱妻子之心事亲，则无往而不孝。"

听罢此言，不禁脸红。做到的请举手。中国人难以料理的家庭关系不是父子兄弟，而是婆媳矛盾。两个毫不相干的女人，因一个男人而成为"母女"。考验傻小子的时候到了，把妈升华成妻子，把妻子看成妈。

别倔强，听话！

男人最重要的是：

不要让**妈**和**老婆**一块掉河里。

——《说孝敬》

说女人

子曰:"唯女子与小人难养也。"

——《论语·阳货》

子曰:"唯女子与小人难养也。"

女人莫怒,孔子夸您呢。女子与小人,证明女人没小人,告知小人乃小孩或百姓,非您唾弃的卑鄙之徒。后面还有话呢:"近之则不逊,远之则怨。"这话说给男人听:女人,你骂她她就哭泣,打她她就暴怒,杀死她她化作鬼魂缠绕你。

唯一办法,只有爱她。

我能想到最浪漫的事
就是和你一起慢慢变老

《说女人》

一团和气

善气迎人，亲如兄弟；恶气迎人，害于戈兵。

——《管子·心术下》

《管子》说："善气迎人，亲如兄弟；恶气迎人，害于戈兵。"

善气相迎，美好温馨。心悦诚服，无微不至。恶气出口，剑拔弩张。轻则伤心，重则夺命。有好心，做好事，却没好话，您不是个好人。心若有爱，请说好话。人生苦短，当弃恶扬善。

从心底的一团和气开始吧。

——《一团和气》

一团和气，真诚相交

小人与君子

子曰："君子坦荡荡，小人长戚戚。"

——《论语·述而》

子曰："君子坦荡荡，小人长戚戚。"

君子心胸宽广，泰然自若；小人斤斤计较，患得患失。莫非您要对号入座？君子能容人，小人排异己。君子修自身，小人修别人。对不起，我错了。此乃君子。你怎么总不理解我？这是小人。

微信中不怨，微博中不骂，过日子不唠叨。该有多好！

光明希冀俺是好人

——《小人与君子》

活得太亏

心不在焉，视而不见，听而不闻，食而不知其味。

——《大学》

《大学》云："心不在焉，视而不见，听而不闻，食而不知其味。"

有时，我们活得太亏。看得太多，而刺伤了眼睛；听得太多，竟充耳不闻；吃得太多，却不知其味。为啥？心态不端、心神不定呗。急功近利，必被利诱；陷情至深，定为情伤。

走得太远，忘却初心，怎得始终？

人生的悲哀在于

明明旅途遥远但却心无所向

——《活得太亏》

说真知

大知闲闲，小知间间；大言炎炎，小言詹詹。

——《庄子·齐物论》

《庄子》说："大知闲闲，小知间间；大言炎炎，小言詹詹。"

意为，大智慧广博豁达，小才气斤斤计较。大道言论势如燎原烈火，美好盛大，令人心悦诚服；小聪明的人言论琐碎，废话连篇。那些背后骂的，当面怒的，定是躺枪了。

事留余地，雅量容人。一劲儿聒噪，乃是无知。

你若正直
不要怕人多说几句

——《说真知》

说思考

苟日新，日日新，又日新。

——《大学》

商朝的开国君主成汤，在澡盆上刻下"苟日新，日日新，又日新"，提醒自己如果明早还能看到升起的太阳，依然努力，不负生活。古人洗澡不忘励志，我们去厕所顺带着手机。前者为家国，后者多娱乐。同样在卫生间，区别咋这么大呢？

若说人的成功在于厕所里的思考，您同意吗？

我，同意！

手机带进厕所

你家孩子可能会输在手机上

——《说思考》

孝，则顺

孝顺父母，可以解忧。

——《孟子》

《孟子》说："孝顺父母，可以解忧。"

言外之意，有困难，找爸妈。他可能给不了钱，给不了权，也给不了名利，但能给咱能量。啥能量？是亲情。哪个不是带着爸妈能量闯天下的。何为孝顺？孝，则顺。现在不顺吗？给爸妈打个电话，陪他吃个饭就顺了。

孝父母、敬爹娘之人岂有不顺之理？

我们
父母似的正做饭

——《孝，则顺》

你老了
孩子般地看电视

温故知新

子曰："温故而知新，可以为师矣。"

——《论语·为政》

子曰："温故而知新，可以为师矣。"

旧知识、旧感情都需温习。自己要有个错题本，盘点错误，攻克薄弱。也需备忘录，将别人的好处印刻于心。当温习老友，若只有新交，此人靠不住。当复习婚姻，浪漫并未走远，白水也有滋味。然后，可以为师，为榜样。

我向您学习！

何尝不是一种欣欣向荣?

老父　老婆　老师　老友　老狗

——《温故知新》

天长地久

　　天长地久，天地所以能长且久者，以其不自生，故能长生。

——《道德经》第七章

　　《道德经》云："天长地久。"

　　天地之所以长久存在，是因为不自私，产生万物，养育万物，使其生长繁殖，从不主宰，也不占为己有。当我们祝贺新人"天长地久"时，实际是说，希望你们创造出一片天地，谦虚努力少偷懒，有了成绩不争功，少私寡欲多宽容。实乃大境界！

　　祝您天长地久！

当一对新人接受"天长地久"的祝福时

就意味着夫妻二人从小格局走向大天地……

——《天长地久》

人才与人物

是以圣人后其身而身先，外其身而身存。

——《道德经》第七章

《道德经》云："是以圣人后其身而身先，外其身而身存。"

带领众人者，为实现自己的目的，这叫领导。领导是人才。而那种将自己置之度外、功成身退之人，叫人物。也有有道之人站在众人身后，看众人有何需要，然后走到前面，带领大家实现，这叫领袖。

我们需要人物，我们爱戴领袖。

身在悬崖，心似明月

——《人才与人物》

说教育

子曰："古之学者为己，今之学者为人。"

——《论语·宪问》

子曰："古之学者为己，今之学者为人。"

把钱看重，教育就轻了。把自己看重，孩子就轻了。父母不读书，却让孩子读，是无知。老师不重仁义，却让学生讲道德，是无耻。

当一个社会，拿教育当绝对谋生手段，拿好学校当可以吹牛的虚荣，拿不择手段考第一当多发奖金的筹码，就危险了。

棍棒之下有逆子

——《说教育》

爱与尊敬

爱人者，人恒爱之；敬人者，人恒敬之。

——《孟子·离娄章句下》

孟子曰："爱人者，人恒爱之；敬人者，人恒敬之。"

活着的意义无非是人家把你当回事。前提是先把别人当回事，不然，自己永远是那么回事。钱、权、名、色贬值太快，真正升值的是爱和尊敬。然后助人、恕人，让和你在一起的人舒服，不和你在一起的人也舒服。

于是，您将受到很多人的爱戴与尊敬。

《爱与尊敬》

木头似的

子曰："刚毅木讷，近仁。"

——《论语·子路》

朋友自谦，说我这人太木，木头似的。

我说别总夸自己，子曰："刚毅木讷，近仁。"而木头似的，恰是"木讷"，乃近乎仁德的优点。生活里聪明人太多，都变着法地想成为精致的利己主义者，于是，聪明反被聪明误。

做个坚强、果决、质朴和说话谨慎的人，大事乃成。

人皆养子望聪明

我被聪明误一生

——苏轼

《木头似的》

德在何处

上德不德，是以有德；下德不失德，是以无德。

——《道德经》第三十八章

经常遇到人说自己善良，如何捐款，如何公益。我就躲他远远的。

《道德经》云："上德不德，是以有德；下德不失德，是以无德。"真正有德之人哪有把德挂在嘴边的？正是那些担心别人认为自己无德的人，才热衷于表现有德。

广告上有个原理，宣扬什么就缺少什么。

您缺啥？

善欲人知

不是真善

———

〈德在何处〉

捐款××万元

说善恶

勿以善小而不为，勿以恶小而为之。

——《三国志·蜀书·先主传》

有人行善，担心知道的人少，估计不是真善。有人作恶，却怕人知道多，想必定是大恶。

刘备说："勿以善小而不为，勿以恶小而为之。"小善易，大善难，更难的是不分大小，一生皆善。人在弱小时行善，因为只能行善，没能力作恶。有钱、有权、有名之后，依然行善，才是真善。

优雅就是

放下身价

去推一辆没有回报的车

《说善恶》

说美丑

天下皆知美之为美，斯恶已。

——《道德经》第二章

天下人都知美之所以为美，是由于有丑的存在。

故，老子说："天下皆知美之为美，斯恶已。"我们不妨原谅那些落后的、难看的、粗糙的存在，不然再美的东西也美不起来喽。若世界上的女人都"脸若银盘，眼似水杏，唇不点而红，眉不画而翠"，该有多可怕！

正视缺陷，珍惜缺憾，生活安然。

何必太流连
　　美丑一念间

《说美丑》

045

说贵贱

贤愚在心，不在贵贱。

——《潜夫论·本政》

东汉政论家、文学家王符《潜夫论》中说："贤愚在心，不在贵贱。"言外之意，人生哪有什么贵贱，无非是贤德和愚蠢的区别罢了。很多人都想做贵人，不愿当贱人，就拼命让自己发达。有的人发达了，却觉得多贵，甚至还作践了自己。

如何高贵？

修心，养德，为善，爱人。

幸福

修心　养德　为善　爱人

——《说贵贱》

钱是啥

物物而不物于物。

——《庄子·山木》

金钱是个好仆人，却是个坏主人。当我们被物奴役时，就开始为物欲打工了。

庄子讲，"物物而不物于物"，深切叮嘱，要驾驭物欲而不要被物欲驾驭。都说人是个精灵，却总在钱眼儿里徘徊，大多为之抛头颅洒热血，壮志未酬身先死。

才知，人不能将钱带走，钱随时可以将人带走。精明过头了吧！

有时候

颈椎病腰椎病是**钱**给闹的

《钱是啥》

君子无争

凡斗者，必自以为是，而以人为非也。

——《荀子·荣辱》

《荀子》说："凡斗者，必自以为是，而以人为非也。"

争斗之人都认为自己有理而别人无理。若确是自己对别人错，自己就是君子，对方便是小人。可君子又为何与小人争呢？两君子不争，因双方懂得相让；一君子一小人不争，因一方懂得相让。

争者，两小人也，因谁都不懂得相让。

《君子无争》

太阳当空照，有容有微笑

好好活着

子曰：君子疾没世而名不称焉。

——《论语·卫灵公》

宴席有个规矩，中间位置留给位高、权重、名大或年长之人。那次文化论坛，领导说啥也不坐中间，非要请那孔姓学者居中。孔先生被簇拥着，如赵匡胤黄袍加身般就座了。

再次感叹孔子伟大，福泽后人。那秦桧的后代怎么办？

子曰："君子疾没世而名不称焉。"

咱，好好活着，别给子孙丢脸哟！

活着的意义

好好活着

不要让子孙没脸活着！

——《好好活着》

给孩子留钱

> 子孙若如我，留钱做什么？贤而多财，则损其志；
>
> 子孙不如我，留钱做什么？愚而多财，益增其过。
>
> —— 林则徐家训

林则徐说："子孙若如我，留钱做什么？贤而多财，则损其志；子孙不如我，留钱做什么？愚而多财，益增其过。"

现代人恰与林先生相反，专爱给子女留钱。留钱也就罢了，还培养挥金如土的恶习。于是，有人将老子的官职一并挥霍。

给孩子留钱，不如教他赚钱，教他赚钱不如让他值钱。

放飞，放手，放开，方能放心

——《给孩子留钱》

说白痴

人而不学，其犹正墙面而立。

——《尚书·周官》

《尚书》云："人而不学，其犹正墙面而立。"

大意为，人若不学习，就像面对墙壁站着，什么东西也看不见。面壁有三种情形：一是思过；二是想把墙推倒；三是人生无望，空白一片。

不学之人，世界一片空白，等同于白痴。

白痴有个特点，喜欢自以为是、一意孤行，而且看不起很多人，以为别人都是白痴。

白痴有个特点：高高在上

从不认为自己是白痴

——《说白痴》

假成绩

假学术

君子务实

大人不华，君子务实。

——《潜夫论·叙录》

东汉政论家、文学家王符一生隐居著书，崇俭戒奢，不愿抛头露面，故将所著书名为《潜夫论》。

王符曰："大人不华，君子务实。"

我们发现，越有大本领的人越朴实无华、平易近人，越是大智慧者越脚踏实地、兢兢业业，那些狂傲怪诞、夸夸其谈、心浮气躁、近利急功的雕虫小技者就难说了。

傻傻，笨笨地走

成功一定在前头

《君子务实》

名副其实

名与实对，务实之心重一分，则务名之心轻一分。

——《传习录》卷上

王阳明《传习录》中说："名与实对，务实之心重一分，则务名之心轻一分。"

人一想出名，就是走上了死路。因为在死之前，很多人都疯狂。有人说，这话打击面太大了，对那些名至实归的人如何解释？当然不一样。

人家是但行好事，莫问前程，一不小心出的名。跟您那种居心炒作，做梦都上台领奖的不一样。

莫听风雨声，一心向前行

《名副其实》

说用人之一

子曰：君子不以言举人，不以人废言。

——《论语·卫灵公》

子曰："君子不以言举人，不以人废言。"

选拔人才应考察品德和实际才能，不能仅凭一席好话就提拔；也不能看其劣迹斑斑，连提意见的机会也给扼杀。有好话的人未必有好心，有好心的人可能没好话。与下属交流、客户交易，并非择偶恋爱。

切忌感情用事、好恶相评哟。只要正确，敬请采纳。

只看人才

不论人情

若是贤才

必予钱财

——《说用人之一》

说用人之二

子曰：众恶之，必察焉；众好之，必察焉。

——《论语·卫灵公》

子曰："众恶之，必察焉；众好之，必察焉。"

孔子用人极为客观，众人都讨厌的，他必仔细审查；众人都喜欢的，也要问个究竟。领导当明辨是非，不人云亦云。毛主席说："不做调查没有发言权，不做正确的调查同样没有发言权。"

选用人才当三思而行。莫要一拍脑门，就是他了！

《说用人之二》

说用人之三

任贤勿贰，去邪勿疑。

——《尚书·大禹谟》

张良凭黄石公的《素书》，助力刘邦江山，立下汗马功劳。《素书》云："危莫危于任疑。"啥是危险？没有比任用自己怀疑的人更危险的了。身边有个定时炸弹，不知何时引爆，谁都心惊胆战。咋办呢？

《尚书》曰："任贤勿贰，去邪勿疑。"任用贤才不能三心二意，废除奸邪不得举棋不定。

赶紧下手！

表面彼此信任

私下勾心斗角

是任何一个组织的定时炸弹

《说用人之三》

说用人之四

治安之本，惟在得人。

——《贞观政要·择官》

唐代学者吴兢所著《贞观政要》云："治安之本，惟在得人。"

给李世民选用人才不分出身、民族、地域，没有亲疏、贵贱、厚薄而点赞。对那种本来可以靠脸吃饭，却来拼实力的人着实支持了一把。于是，举国上下，人人奋勇，个个争先，为国尽忠。

终于理解"贞观之治"的内涵：不看颜值，看本事。

人才是各司其职，各就其位，各尽所能；用人之道，就是最大限度调动各方面人才

《说用人之四》

择善

诚之者，择善而固执之者也。

——《中庸》

《中庸》云："择善而固执之。"

择善，是分解动作：先追求善，再拒绝恶，然后坚持善。坚持善，只是善行，不是善心，因有人会坚持不住，从善的跑道上败下阵来。善一天折，恶必附体，便与魔同行。咋办呢？还是要坚持善。坚持到成为习惯，如饿了就吃，困了就睡，高兴就笑。

如此，善矣！

善良需要勤拂拭

《择善》

佛与魔

不能胜寸心，安能胜苍穹？

——龚自珍《丁亥·自春徂秋，偶有所触，
拉杂书之，漫不诠次，得十五首》

每个人心中都住着一佛一魔。

佛代表正义，魔代表邪恶。佛与魔经常斗法。佛胜，是律己；魔胜，是放纵。佛与魔功力相当，难分胜负，需要心来助力。心偏袒于谁，谁便大获全胜。故，一念即佛，一念即魔，一念即修身，一念即放纵。所以，律己先律心。

龚自珍有云："不能胜寸心，安能胜苍穹？"

有时生活的悲哀在于
把白骨精错认观音

《佛与魔》

和光同尘

和其光，同其尘。

——《道德经》第四章

生活里有两种人：一种喝酒的人，一种不喝酒的人。若桌上只一人不喝酒，便如看一场不太喜欢又不好意思离去的电影，唯盼快点结束。众人皆醉我独醒是一种孤独。你对满桌喝酒人说你们都醉了！人家一定以为是你醉了。暂时，假装跟着醉，应是对同伴和自己最好的照顾。

故，《道德经》云："和其光，同其尘。"

酒桌"三不"

不喝醉　不搅局　不扫兴

《和光同尘》

心斋

气也者，虚而待物者也。唯道集虚。虚者，
心斋也。

——《庄子·人间世》

《庄子》讲"心斋"。即管好自己的心。好多人有心计，有心机，有心事，却没心灵。心不明则眼不亮。有人眼神混沌奸巧，乃是心不干净。眼睛尚不能容得灰尘，心怎可蛛网纵横、陈旧不堪？需要扫心。 如何扫心？无挂碍，不纠结。

喜怒哀乐随风而去，功名利禄入夜而眠。

好日子＝早晨扫地＋夜晚扫心

《心斋》

问心无愧

子曰：内省不疚，夫何忧何惧？

——《论语·颜渊》

人应有最起码的感知：干坏事知羞耻，做错事明愧疚，受恩惠懂报答。

过日子的最高境界不是权大、钱多、名高、利厚，而是贴在脑门上的四个大字：问心无愧。子曰："内省不疚，夫何忧何惧？"是呀，那些怕鬼怕神怕中纪委的，都活得不轻松。

仰不愧于天，俯不怍于人，行不亏于心。该有多好。

有时候特别害怕找不到自己的脸

——《问心无愧》

灵魂何在

一灯能破千年暗，一智能灭万年愚。

——《六祖坛经》

并非人死才谈灵魂，人活着更要谈灵魂。

心灵之魂，与心同在。心在魂在，心死魂飞。一颗邪恶心，乃是丑陋魂；一颗自私心，则是扭曲魂。若总有一个丑陋、扭曲的魂如影随形，您以为如何？

《六祖坛经》云："一灯能破千年暗。"

哪怕这屋子黯然千年之久，只要灯亮，刹那之间，黑暗全消。

一灯能灭千年暗

太阳出来喜洋洋

《灵魂何在》

修身与修理

夫君子之行，静以修身，俭以养德，非淡泊无以明志，非宁静无以致远。

——诸葛亮《诫子书》

不修身则被修理。每个人都希望好。自己好，家里好，单位好，社会好，国家好，最好天下也好。前提，自己先好，不然一切都不好。这叫修身。减掉身上的愤怒、浮躁、嫉妒、贪婪、骄傲和伪善，让自己善良、宽容、喜悦、友爱、宁静与真实。这便是自己修理自己。

尽量别让他人修理自己。

您懂的！

敢于修理，才是修身

《修身与修理》

说谄媚

好谀是人生大病。

——《西岩赘语》

清末学者申居郧在著作《西岩赘语》中说："好谀是人生大病。"

我们身边总会有那些阿谀谄媚之辈，将话说得极其漂亮，事情做得又极其糟糕。此种人在权、钱、名、色中间无时不在划分阶级，比自己高级的就谄媚，比自己低级的就不屑，于是把自己搞得很糟糕。

真是病得不轻！

谄媚就是：

根本没见

却是很赞！

《说谄媚》

说自拍

人人亲其亲，长其长，而天下平。

——《孟子·离娄上》

最近，自拍杆卖得甚火。以前在景区总有人微笑，说麻烦您帮我拍个照。有了自拍杆就不用对人笑，对着手机笑就行了。现代人特喜欢对着手机笑，而对身边人则越来越冷漠。

自拍，打开了脸，却关闭了心。一项科技的诞生，就会有一种乐趣的覆灭。

我们远离了孟子的"人人亲其亲，长其长，而天下平"，又让他老人家操心了。

《说自拍》

自拍
是一种喧闹中的孤独

付出与索取

凡取予，贵分晓；予宜多，取宜少。

——《弟子规》

一人，怀抱干柴，于寒冷冬夜瑟瑟发抖。对火炉说，你给我温暖，我就给你加柴。火炉说，你不给我加柴，我无法给你温暖。人与火炉对恃一夜，遂冻死。

《弟子规》云："凡取予，贵分晓；予宜多，取宜少。"人皆如此，不付出便无法索取。

有道是：想加薪，请用心；想提职，请尽职；想成功，请立功。

人生的温暖来自于
　　向自己的火炉添柴

《付出与索取》

089

色难

子曰：色难。有事，弟子服其劳；有酒食，先生馔，曾是以为孝乎？

——《论语·为政》

见一超市敬告："本店有摄像监控，请您保持微笑。"瞬间被这家店优雅和善意的忠告感动，先微笑一下再说。

《论语》有"色难"的警醒，意为孝敬父母，保持和颜悦色是件困难事。实则，最困难的是对生活微笑。据说，90米内，唯一能识别的表情就是微笑。

对日子，对父母，对自己，我们微笑吧。

只有在风雨里微笑的人
才能笑到最后

《色难》

爱与恨

子曰：爱之欲其生，恶之欲其死，是惑也。

——《论语·颜渊》

爱她，无论如何爱不够，身家性命不吝惜。祝福她美丽，希望她幸福，一生一世，永不分离。恨她，没完没了，恨之入骨。见个面，吃个饭，说个话，握个手，都觉得时间停滞，太漫长。怎么还活在世上？这叫迷惑。

子曰："爱之欲其生，恶之欲其死，是惑也。"

有爱当珍惜，无爱则祝福，才是好生活。

爱之欲其生，恨之欲其死

是惑也

《爱与恨》

人的命

得道者多助，失道者寡助。

——《孟子·公孙丑下》

爱人者，人恒爱之；敬人者，人恒敬之。

——《孟子·离娄下》

人的命天注定。农民孩子落地是农民，皇帝儿子出生是皇子。这是命。我们需要改变的是运。所以叫认命改运。运很神奇，如火烧赤壁的东风、"9·3大阅兵"的天气，说转就转。

运，不是空穴来风，是积累，是行善，是智慧，是勇气，是宽容。

是故，《孟子》说："得道者多助，失道者寡助。""爱人者，人恒爱之；敬人者，人恒敬之。"

命运虽然强大

但只要推，就会动

《人的命》

拒绝诱惑

子曰：见善如不及，见不善如探汤。

——《论语·季氏》

孔子讲：四十不惑。并非人到四十无迷惑，而是说人生到四十经过各种历练，已经透过各种事物表象、社会现象看到事物本质，练达人生，从而不会被迷惑误入歧途。

诱惑何来？

飞蛾死于明亮火光，游鱼死于芳香诱饵，皆因过于聪明和偏好美味。想好好活着，不遭诱惑毒手吗？

孔子说："见善如不及，见不善如探汤。"向善者多学习，见诱惑与邪恶像手触及滚烫开水一般，迅速抽回，果断弃离。真悬，没烫着吧？

每个飞蛾扑火的人都满怀喜悦

可怜！！

《拒绝诱惑》

说纠结

知游心于无穷，而反在通达之国。

——《庄子·则阳》

有朋友借钱，不想借又怕得罪他。打了几个电话对方没接，晚上也没回过来，心里别扭。这叫纠结。不借就拒绝，没回就忘记。至于以后咋办，不是还没到以后吗？

若丢失 100 元，偏要花 300 元打车找回来吗？庄子说："知游心于无穷。"意为让心翱翔在天空，再看地面，谁还争一城一池？

不满现状，又缺乏改变的勇气。

是你吗？

明知固守现状很痛苦
担心改变以后更痛苦 ＝ 纠结

《说纠结》

说拜佛

子曰：获罪于天，无所祷也。

——《论语·八佾》

现代人特喜欢佛。

戴佛珠，行佛礼，吃佛斋。求子，拜观音；高考，拜文殊；健康，拜药佛；缺钱，拜财神。有朋友虔诚念经，一心向佛，却忽视孩子教育，未满 18 岁，便辍学流浪，混迹社会。

子曰："获罪于天，无所祷也。"啥意思？

拜谁都行，就是别忽视自己。把自己活成别人的标准，给谁烧香都没用。

求人不如求己
拜佛莫若修心

《说拜佛》

101

说碰瓷儿

子曰：幼而不孙弟，长而无述焉，老而不死，是为贼。

——《论语·宪问》

公园里有老头儿练拳。

小伙儿问，您练的啥功？老头儿说，你别管我练的啥，你打我三拳，保证面不改色心不跳。小伙儿眼睛一亮，心想遇高人了。老头儿站桩，小伙儿一拳过去，老头儿应声倒地，说，你、你赔我10万！

子曰："老而不死，是为贼。"

所以民间有骂人的话：老不死的。坏人变老真无奈。

我宁愿这是一场哲

《说碰瓷儿》

非爱

子贡问曰：有一言而可以终身行之者乎？
子曰：其恕乎！己所不欲，勿施于人。

——《论语·卫灵公》

一夫妻吵架。男人说，为你，我放弃出国；为家，我早出晚归。一母亲常对孩子说，自生你后，我工作落后人变胖，一切牺牲都为你！你为啥不好好念书呢？这便是心理学上的"非爱行为"。为了得到回报的爱都是爱自己。若别人常拿帮助过你的恩情要挟，你以为如何？

子曰："己所不欲，勿施于人。"

您懂的？！

己所不欲，勿施于人

《非爱》

开心

愁烦中具潇洒襟怀，满抱皆春风和气；
暗昧处见光明世界，此心即白日青天。

——《围炉夜话》

有人爱抱怨，有人喜唠叨，有人常纠结，有人叹不公，有人
骂雾霾。有人说怎么受伤的总是我，有人说为何找事的总是他。
实际上，我们要提高的是遇愁烦大度、于困境开怀、历昏暗明朗、
经误会安闲的功夫。

故，《围炉夜话》云："愁烦中具潇洒襟怀，满抱皆春风和
气；暗昧处见光明世界，此心即白日青天。"

心宽天地阔

《开心》

好人

从善如登，从恶如崩。

——《国语·周语下》

友人是十大好人候选人，让我帮微信投票。我拒绝。友嗔怒，问为何？我说我不是好人，若赞成你当好人，你不就是坏人了吗？人们愿把能人、高人、名人当好人，可好人未必是能人、高人、名人。若我们只看成败不看好坏，就是在罪恶的泥潭中了。

《国语》云："从善如登，从恶如崩。"

当好人别着急，我与朋友说。

如果自己不能识别自己

那么，好人和坏人如何区分？

《好人》

换位

以责人之心责己，以恕己之心恕人。

——《省心杂言》

朋友家的小白狗跑出一天，晚上回来浑身是泥、毛色黢黑。

朋友一下没认出来，欲将狗赶出家门。妻子说，你那日穿件黑衬衣上班，晚上回家换成白衬衣，狗不也因没认出你而叫个不停吗？不管黑狗白狗，能回家的就是好狗。

遇是非，先找自己的原因，切莫忙于责怪他人。"以责人之心责己，以恕己之心恕人"吧！

人被狗牵，不单单是个误会

《换位》

准备

宜未雨而绸缪，毋临渴而掘井。

——《朱子家训》

怕失去幸福，才倍加珍惜。

身体难受，就努力保健。很多人是在健康报警或大病一场后才开始养生的。之所以迟到，是在精力充沛的时候撒欢儿似的消遣。如同与日子热恋，没黑天带白夜地折腾。减肥，从明天开始；锻炼，退休后再说；读书，忙完这阵子就买。

生活，"宜未雨而绸缪，毋临渴而掘井"哟！

生活最好的准备就是

时刻准备着！

《准备》

不足

天之道，损有余而补不足；
人之道，损不足而益有余。

——《道德经》第七十七章

时间富余之人大多成就小。所以，老天爷把你富余的时间拿走，给那些忙碌的、辛苦的、时间不够用的人。

《道德经》云："损有余而补不足。"为啥有人越来越弱小、越来越贫困、越来越狭隘？还不是自己不珍惜自己，把懒惰当享受！实则，把福气都让给那些奋斗者了。

《道德经》又云："损不足而益有余。"

懒惰=把福气悄然送给读书人

《不足》

115

谨言

君子道人以言而禁人以行，故言必虑其所终，而行必稽其所敝，则民谨于言而慎于行。

——《礼记·缁衣》

劝那个口若悬河、眉飞色舞的朋友少开口。他说不开口会让人家认为是个傻子，我说那也比一开口人家就知道你是一傻子要强。

《礼记》云："谨言慎行。"

不必说时却说了，叫多说，多说易招怨；不该说时却说了，是瞎说，瞎说易惹祸。在多说无益的时候，不说话反而是明智之举。也许沉默就是最好的解释。

116

有时候，沉默就是最好的解释

《谨言》

我的神

夫大人者，与天地合其德，与日月合其明，
与四时合其序，与鬼神合其吉凶。

——《易经·乾》

人有时的想法很奢侈，自己做个男神，身边有个女神，然后，
再拉扯一些有求必应的鬼神。反正，就是不想当人。

《周易》云："夫大人者，与鬼神合其吉凶。"与鬼神的
吉凶相契合很简单，就是存好心，说好话，读好书，做好人，干
好事。

这样，我们自然就做个男神、有个女神了，而且半夜也不怕
谁来叫门了。

做好自己
就是神人

《我的神》

根本不可能

> 子贡曰：我不欲人之加诸我也，吾亦欲无加诸人。
>
> ——《论语·公冶长》

子贡曰："我不欲人之加诸我也，吾亦欲无加诸人。"

啥意思？我不想别人强加于我，我也不愿强加于别人。孔子说，你做不到，我也做不到。因为有些事根本就不可能！

快乐有时是这样的：管不住别人的嘴时，就管住自己的心。烦恼有时是这样的：想爱一个人，也要求那个人爱你。

家长管不住自己的行为

孩子就会胡作非为

《根本不可能》

121

富有是啥

富有之谓大业，日新之谓盛德。

——《周易·系辞上》

有富人每晚噩梦，变成穷光蛋。有穷人每晚美梦，已很有钱，而且特风光。穷人与富人说，我梦里富有，你白天富有，咱俩到底谁富有？富人思考好久，终于明白，真正富有不是钱权，不是容颜姣好、掌声鲜花，也不是粉丝追随与朋友点赞，而是内心清静，梦里安闲。

《周易》云："富有之谓大业。"

梦里安闲，就收获了整个月夜

《富有是啥》

太可怕了

子曰：君子周而不比，小人比而不周。

——《论语·为政》

子曰："君子周而不比，小人比而不周。"啥意思？君子团结不勾结，小人勾结不团结。

小人，就像没有烧透的煤球儿，碰碰，才会燃烧，晾着，自然就灭了。

对待小人，先识别，后避让，敬而远之。有小人不可怕，可怕的是与小人为伍。与小人为伍也不可怕，可怕的是与小人为伍而不知身在其中。太可怕了！

世界上

最远的距离就是：

亲密背后一把刀

《太可怕了》

抛开人情

持心如衡，以理为平。

——《郁离子》

《郁离子》说：持心如衡，以理为平。 不要被你所在乎的人左右了观点。你说的对我便听从，我不是听从你，而是听从你正确的道理。我不是在奉承你。这其中又有什么私念呢？你说的不对，我就不会听从。我不是不听从你，而是不听从你不正确的道理。我对你又没啥意见。这其中又有什么可怀疑的呢？

安静就是：任你滔滔不绝，我自岿然不动

《抛开人情》

朋友圈

子曰：务民之义，敬鬼神而远之，可谓知矣。

——《论语·雍也》

有一种朋友，相互交往于无心交往之中，相互帮助却像没有帮助一样。这是庄子"莫逆之交"的境界。而有人在朋友圈为人投票之后出现张张截图，意为：投完了，截图为证。言外之意，你的事儿我办了，下次找你要懂得回报哟。朋友圈是个极容易打碎的物件儿，手机一没电，朋友就没了。

朋友圈如同一个完美的青花瓷盘子

但，容易碎！

唉！！！

《朋友圈》

新欢旧爱

衣莫如新，人莫如故。

——《晏子春秋》

齐景公想为晏子纳妾。晏子一本正经地说，我的妻子虽然年老，但她也是自年轻时走过来的。衣莫如新，人莫如故。

什么是弃旧图新？

还是原来的岁月、原来的时光、原来的风雨，却是我们这些旧人。若没有被日子淘汰，就创造新世界，开辟新天地，打造新格局，拓展新视野。正如同新欢旧爱。

发可白，眼可花，夫妻才是家；情不旧，人不老，东方又日晓。

情不旧

人不老

东方又日晚

—— 《新欢旧爱》

观过知仁

子曰：人之过也，各于其党。观过，斯知仁矣。

——《论语·里仁》

身边最好的六个朋友，工资加起来一平均，就是自己的工资。孩子最好的六个同学，分数加起来一平均，基本是孩子的分数。

人的过错，总是和他经常在一起的人相同。所以，子曰："人之过也，各于其党。观过，斯知仁矣。"

什么样的朋友，获得什么样的人生。反之，什么样的自己，获得什么样的朋友。

《观过知仁》

133

政者，正也

子曰：政者，正也。子帅以正，孰敢不正？

——《论语·颜渊》

政，就是正。只要领导自己行得正，下面的风气自然就正。

子曰："政者，正也。子帅以正，孰敢不正？"

一个"正"字，诠释了为官真谛。正，是良心，是动力，是标尺，是责任，是党性，是一言一行、一点一滴间折射的人格力量和道德境界。

常修为政之德，抛却非分之想，弃除私欲之念，坚守道德底线哟！

立身正义
万事平衡

正义

《政者，正也》

说诚信之一

不宝金玉，而忠信以为宝。

——《礼记·儒行》

　　为了忠信而失去金钱权势，那么所得到的东西必将会超越金钱权势。比如岳飞，其后人总会骄傲地向人介绍自己是岳飞的后代。而秦桧与和珅也有后代，您见过有人满脸幸福地说自己的祖先是秦桧与和珅的吗？金银珠宝实在不能算啥宝贝，真正的宝贝应该是忠义诚信。

　　故，《礼记》曰："不宝金玉，而忠信以为宝。"

《说诚信之一》

说诚信之二

以信待人，不信思信；不信待人，信思不信。

——《傅子·义信》

西晋文学家傅玄曰："以信待人，不信思信；不信待人，信思不信。"

诚实守信之人，即使别人原来不信任，也会变为信任；而欺骗之人，无论如何伪装，终将不被信任。情感中的误解或偏执基本都是可以原谅的，但只有欺骗不好复合。

爱一个人，需要很多年；凉一颗心，只在一瞬间。

误解可以原谅，欺骗不好复合

《说诚信之二》

说诚信之三

惟诚可以破天下之伪，惟实可以破天下之虚。

——《薛文清公全集》

真心战胜伪装，实在击破虚伪。

故，明代思想家薛瑄曰："惟诚可以破天下之伪，惟实可以破天下之虚。"诚实，是一面镜子。一切矫揉造作、虚假伪装都会露真相、显原型。若你觉得羞耻而将镜子打碎，那么，人格也会破败不堪，裂痕难复。

诚实，才是真实；真实，才可踏实；踏实，才能结果实！

虚伪从来都是被击碎用的

——《说诚信之三》

说诚信之四

子曰：自古皆有死，民无信不立。

——《论语·颜渊》

诚信，超越生命。所以孔子说："自古皆有死，民无信不立。"

人与人之间没了诚信，我们将无法立足于人世之间。人之一生，最幸福的不是赚到了多少钱，当了多大官，出了多少名，而是赚到了多少人的信任。

当别人开始不信任、甚至怀疑我们时，这个时候要扪心自问了，是自己诚信不足了吧？

诚信与阳光同在
一起普照世界

《说诚信之四 》

说诚信之五

高论而相欺，不若忠论而诚实。

——《潜夫论·实贡》

东汉政论家、文学家王符曰："高论而相欺，不若忠论而诚实。"

高谈阔论而别有用心、彼此隐瞒、甚至互相欺骗，哪里如讲出真心话、做些忠诚事、表现得诚实和老实更令人心安呀。讲实话的好处，在于不用计较以前说了些什么。

谁的心都是一杆秤、一把尺、一个检测仪，缺斤短两、滥竽充数，害的都是自己。

宣扬什么，就缺少什么

我是个低调的人

《说诚信之五》

自强

下手处是自强不息，成就处是至诚无息。

——唐·李咸用《送人》

生活里有一句误导人的话："想走多远，看你与谁同行。"

于是，便有很多人削尖脑袋加入高级朋友圈。试想，谁愿意与一个满怀侥幸、利用人脉而且急功近利的人同行呢？

唐朝诗人李咸用说："下手处是自强不息，成就处是至诚无息。"

啥意思？不自强，不真诚，依附谁都没用。

你想与之同行的人
　　人家未必愿意和你同行

《自强》

功夫

不以富贵妨其道，不以隐约易其心。

——韩愈《省试颜子不贰过论》

韩愈说："不以富贵妨其道，不以隐约易其心。"

啥意思？别因为有了钱就忽视修身养德，也别因为暂时迷惑就改变价值观。

不忘初心，坚定理想，树立正气，刚直不阿，是千年不变的做人准则。然后，有钱不霸气，没钱不怨气；有事心不乱，没事心不空；在顺境能善良，处逆境还善良。是功夫哟！

负重前行，方显大义

《功夫》

富有

知足者富，强行者有志。

——《道德经》第三十三章

所有的追求都是无止境的，只有懂得知足才是真的富有。无度的追求叫贪婪，适度的贪婪叫追求。做人一味地不知足，会车毁人亡。而凡事都知足，也会令人停滞不前。

故，老子曰："知足者富，强行者有志。"

好吧，对于名利要知足，工作要知不足，而学习要永远不知足。

您看如何？

钓来钓去钓自己

《富有》

长寿

不失其所者久，死而不亡者寿。

——《道德经》第三十三章

怎么样才能长寿呢？您又开玩笑了。人生不过百年，哪里有长寿呢？在有限的生命里活得问心无愧应该是最好的选择。

老子曰："不失其所者久，死而不亡者寿。"不离失本分的人就能长久不衰，身体虽然死亡，但精神仍存在，这应是真正的长寿了。

啥叫不离失本分？少自私，常修身，别缺德。

长寿的秘诀：把贪欲和自私踩在脚下

《长寿》

道德，归来兮

> 富贵不能淫，贫贱不能移，威武不能屈。
>
> ——《孟子·滕文公下》

当人们不顾道义、唯利是图时，很多人就会在追求善的路上被恶击倒，社会便成了一个看似公开透明、彼此信任，实则互相提防、尔虞我诈的群体。若以践踏道德、法律和破坏诚信为代价，那么，将国之不国、家之不家。

还记得孟子的叮嘱吗？"富贵不能淫，贫贱不能移，威武不能屈。"

道德，归来兮！

只顾盲目前行

《道德，归来兮》

强者

是以兵强则灭，木强则折。强大处下，柔弱处上。

——《道德经》第七十六章

凡是强大的必处于下方，凡是柔弱的必处于上方。

如同一棵大树，只有树根强大，才有柔弱枝条和茂密枝叶。倘若树根枯死，枝叶还能存活吗？所以，老子曰："强大处下，柔弱处上。"那些高高在上、盛气凌人的，可能正是不堪一击的弱者。

做一个坦荡豁达、淳朴厚道、睿智谦虚、处下示弱的强者吧。

做一个头顶蓝天
心中靠谱
脚下有根的人

《强者》

157

珍宝

养心莫善于寡欲。其为人也寡欲，虽有不存焉者，寡矣；其为人也多欲，虽有存焉者，寡矣。

——《孟子·尽心章句下》

如果，我们的房子越来越大，家却越来越小；如果，我们的工作越来越忙，相聚却越来越少；如果，我们本来近在咫尺，却是大声争吵；还如果，原来的柔情似水、佳期如梦，如今已不甚了了。

我们，将如何是好？

笑看人生，清心寡欲，积善成德，无愧天地，只问耕耘，不问收获。此乃如意珍宝！

田间禾苗正好
狗儿前后围绕
更喜小儿奔跑
《珍宝》

美丽的自己

富润屋，德润身。心广体胖。

——《大学》

幸福的人爱惜家园，像珍惜一件心爱的瓷器，对日子总是小心翼翼。落魄的乞丐，四海为家，走到哪里都是流浪。有了钱可以装饰房屋，但品德却可以修养身心。如此，才可以使心胸宽广而身体舒泰安康。

故，《大学》云："富润屋，德润身。心广体胖。"如此，在下一站才可遇上憧憬的自己。

擦洗内心
莫失本真

《美丽的自己》

无私

是以圣人后其身而身先；外其身而身存。
非以其无私邪，故能成其私。

——《道德经》第七章

我们当然喜欢无私的人、推崇无私的人，所以，无私就成了成功的标志。原来，无私就是最大的自私。老子曰："非以其无私邪，故能成其私。"

一个人永远不会通过危害别人而最终成功。你越是想让自己成功，你就越得帮助别人成功。不付出的人，如同把春天的种子紧紧抓在自己手里，不向土地播种，到了秋天如何收获？

但行好事
莫問前程
只問耕耘
不問收穫

《无私》

163

明亮

大其牖，天光入；公其心，万善出。

——明·方孝孺《杂铭》

把窗户打开，阳光就会照进来；把心摆放在明亮处、公正处，就会有诸多善事出现。方孝孺说："大其牖，天光入；公其心，万善出。"

人的心是一扇窗户。心理阴暗，做事就有失公正；心理偏执，为人就有失坦荡；心中迷茫，就难以分清善恶。把玻璃擦干净，让阳光照射进来。

心一明亮，世界吉祥！

心一明亮，世界宽广

《明亮》

尽忠

忠者，中也。人无私，大亨贞。

——汉·马融《忠经》

善莫大于忠，恶莫大于不忠。

与人相处，无论领导和下属、父母与子女、丈夫与妻子、兄弟与姐妹以及朋友、同学、战友、甚至合伙人，无外乎各尽其忠罢了。

正人君子尽忠，是以诚而出；虚伪小人也有忠，但出力不尽心。因为，被金钱与美色收买的忠也必将出卖给下一个金钱与美色。

故，《忠经》云："忠者，中也。人无私，大亨贞。"

166

出售良心的人

把**忠诚**逼上绝路

《尽忠》

身教

身教重于言传。

——王夫之语

有个母亲每天不辞劳苦地劝告儿子要好好学习。而父亲却是早晨起床练书法，晚上回来则一心读书。爱儿心切的妻子终于忍不住说，你别只顾你的工作、锻炼、练习书法和看书，你也该好好地管教管教你的儿子啊！父亲眼不离书地说，我时时刻刻都在教育儿子啊！

故，明末清初思想家王夫之说："身教重于言传。"

身教重于言传

《身教》

从容

心乱则百病生，心静则万病息。

——元·罗天益《卫生宝鉴》

为了虚荣而拜佛，心里迷惑去算命，拿《易经》当手艺为赚钱，总把希望寄神灵，大师头衔满天飞，变杂耍的成明星，老板寺院追师父，动不动就找人看风水，不读经典，成功学盛行。这一切都是浮躁和肤浅的证据。人们病了。如何是好？

元代医学家罗天益说："心乱则百病生，心静则万病息。"

内心安宁，日子从容。

心一烦乱
明月暗淡

《从容》

正直

持心如衡，以理为平。

——明·刘伯温《郁离子》

以为所有人都正直，是我们幼稚；认为所有人都搞欺骗，是我们阴暗。

还是别把自己搞得太复杂。请坚持正直，努力坦荡。虽然不会带来特别丰硕的成果，但至少告诉我们，没有堕入罪恶。然后，内不欺己，外不欺人；角色做事，本色做人。不听阿谀话，不做偷情事。

如此，就可以"持心如衡，以理为平"了。

内不欺己
外不欺人
不惧危险

《正直》

173

真诚

与人以实，虽疏必密。与人以虚，虽戚必疏。

——汉·韩婴《韩诗外传》

多年前总爱对下属说，这是我给你的奖金，不要告诉别人哟！后来发现，每个人都对我有意见，因为我对每个人都这样说。哪有不透风的墙。

只要你说出了，必定被知晓。嘴和心要对得上哟！无论亲疏，莫忘真诚。

《韩诗外传》云："与人以实，虽疏必密。与人以虚，虽戚必疏。"

脱不下的虚伪，都是监狱

虚 伪

《真诚》

立志

夫哀莫大于心死，而人死亦次之。

——《庄子·田子方》

《庄子》曰："夫哀莫大于心死，而人死亦次之。"

有研究机构曾经长期追踪 100 个年轻人，直到 65 岁。结果发现，一个人很富有，5 个人有经济保障，剩下 94 人情况不好，晚年生活拮据。但这 94 人并非年轻时努力不够，主要是因为没有选定清晰的目标。

不立志，很可怕，如一具没有灵魂的尸体行走在大街上。

不是比谁放得更高

而是看谁的心志更强

《立志》

行动

临渊羡鱼，不如退而结网。

——《淮南子·说林训》

经常听到"吃完这顿饭就减肥"的话，我知道。她只是准备减肥而已，而且一直准备着。

还听到，"忙完这阵子就读书"。但一般情况下，他的这阵子很长，很长，总有忙不完的事。

生活，不止是心血来潮。凡把希望寄托在下一站的人，很可能也会错过这班车。

"临渊羡鱼，不如退而结网。"您需要马上行动！

178

与其空想，不如行动

《行动》

179

慎独

莫见乎隐，莫显乎微，故君子慎其独也。

——《中庸》

每个表演都会退场，每个伪装都会露馅。在别人眼里，早就看清了你的花花肠子！

人最应该小心谨慎的地方不是领导与客户面前，也不是受人尊敬的领奖台，更不是决定命运的谈判桌，而是一个人独处的时候。因为天上地下许多双眼睛都在注视着我们，四面八方许多只手都在指点着我们，太可怕了！

这叫啥？

慎独！

《慎独》

说坏话

言人之不善，当如后患何?

——《孟子·离娄章句下》

人缺乏自信时喜欢背后说人坏话。但却反映了说坏话人的品位和品格。聚在一起说坏话，会陶醉在短暂、罪恶的快乐中。经常说，自己就慢慢变坏了。这就叫后患。

孟子曰："言人之不善，当如后患何?"

问题来了，有人在你面前说别人坏话呢?

你就微笑着说："嗯……啊……是吗? 今儿天儿不错呀!"

每个背后讲坏话的人
最终都要被坏话绊倒

《说坏话》

清白地活

真者，精诚之至也。

——《庄子·渔父》

一家饭店的墙上挂着"诚信赢天下"的字样。我问老板，如果用"诚信"赢了"天下"还继续诚信吗？若怎么努力都赢不了"天下"还会坚持诚信吗？

很多人愿意把诚信挂在墙上和嘴上，比如吃饭迟到，大多说堵车，没有人承认出来晚了。

庄子曰："真者，精诚之至也。"

请坚持真诚，让我们清白地活着。

自以为是的诚信，背后总会阴影随行

《清白地活》

病得不轻

静以修身，俭以养德。

——诸葛亮《诫子书》

您是否没多会儿就刷下朋友圈，几秒钟打不开文件就烦躁，文章稍长一点儿就没有耐心读，喜欢看短视频和瞬间爆笑，短时间内打开七八个甚至更多网页，每天不在网上比比价格就不充实？

祝贺您，您病了。啥病？目的焦虑症。

于是，就累，就烦，就不安。

咋办呢？

诸葛亮早开出了药方："静以修身，俭以养德。"

静如月，净如莲

《病得不轻》

187

大小多少

不足于行者，说过；不足于信者，言盛。

——《荀子·大略》

在行动上不踏实的人，往往言过其实；在信用方面不诚实的人，大多表面上装成说话诚恳的样子。

故，荀子曰："不足于行者，说过；不足于信者，言盛。"

实际上，大成就都是从小作为开始的；大人物必是自小学生做起的。不要贪图大。把大事做小，小事才可做大。不要自卑小。把小事坚持，大事才能持久。

把小事坚持
大事才能持久

人生大道

《大小多少》

189

我心光明

外重物而不内忧者，无之有也。

——《荀子·正名》

人心如镜，只因外在的污染而变暗变脏。是啥污染了心灵？钱、权、名、利、情与色。

荀子曰："外重物而不内忧者，无之有也。"

啥意思？重视物质欲望而内心不忧虑的人是没有的。

如何重获光明？淡泊寡欲一点，谦卑低调一点，坦荡放下一点。于是，你发现：心的光明从未消失，只不过少了擦拭而已。

欲望

欲望
是向上的阶梯
大多摔得头破血流

《我心光明》

珍藏遗憾

尺之木必有节目，寸之玉必有瑕。

——《吕氏春秋·举难》

生活里常有遗憾。若说是损个失，在心情上就不必自责了。何必雪上加霜呢？有了遗憾才是美好，因为还有再次追求美好的向往。生活本如此，一尺高的树定有树节，寸大的玉就会有瑕疵。

《吕氏春秋》云："尺之木必有节目，寸之玉必有瑕璘。"

世间没有完美，只有遗憾。相见不如思念，敬请珍惜缺陷。

《珍藏遗憾》

相见不知思念，敬请珍惜缺陷

日子

作德，心逸日休；作伪，心劳日拙。

——《尚书·周书》

日子，像极了我们的天空。释放爱，就清澈；释放怨，就迷蒙；释放无度的贪婪，就会阴霾。

常做德善孝悌之事，就会心气平和，而且一天天感受到美好和吉祥；常做欺诈伪善之事，即便费尽心机，反而一天天越发笨拙与低劣。

故，《尚书》云："作德，心逸日休；作伪，心劳日拙。"

每个人都会跑步离开一个发怒者

包括身边那条狗

《日子》

真善

故君子莫大乎与人为善。

——《孟子·公孙丑上》

善，分为善心和善行。有善心者未必有善行，有善行者未必出于善心。我们喜欢无善行的善心，也不排斥无善心的善行，但更需要既有善心，又有善行。只是，与善心者交流可以放心，与有善行无善心者在一起就要小心喽。

人世间，没有比真心助人更能培养好品德的了。

故，《孟子》曰："故君子莫大乎与人为善。"

与有善行无善心者在一起

要倍加小心

《真善》

和合

子曰：君子和而不同，小人同而不和。

——《论语·子路》

世界上总有人想靠拳头解决问题，即便有人暂时屈从于武力或淫威，也不过是口服心不服罢了。战争解决不了战争，核武解决不了核武。

想过好日子，也要让别人过好日子。不让别人过好日子，自己永远过不好日子。握拳，不如握手；拆台，不如帮助；算计，不如协作。

故，子曰："君子和而不同，小人同而不和。"

志同道合，心照不宣

《和合》

贪欲

历览前贤国与家，成由勤俭败由奢。

——李商隐《咏史》

朋友送我一套几万元的西装，穿上后发现家里物品配不上西装了。于是花好多钱把家具换了，后来又觉得房子有点旧。干脆，换房！住上新房后，一看身边的妻子，怎么不如别人的年轻呢？

贪欲，是一粒毒药！我们被它牵引和迷惑着。"历览前贤国与家，成由勤俭败由奢。"您勤俭节约的家风还在吗？

奢侈是甜酒
　　贪欲乃毒药

《贪欲》

寡欲

见素抱朴，少思寡欲。

——《道德经》第十九章

老子曰："见素抱朴，少思寡欲。"这是我们生活幸福的法宝。

《聊斋》里男人与女鬼日夜缠绵，精血于欢乐中被吸食了。不能自拔，疯狂其中，这就是贪婪。想活得好一些，就要拒绝贪婪，走出迷失，放下自我，清静无为。

不然，就会翻车。翻了车，就有人翻脸。翻了脸，就不好再翻身！

这世界，没有人跑得过贪婪

《寡欲》

富贵

荣华易尽，须要退步抽身。

——《红楼梦》第八十六回

有个人气喘吁吁地遛狗，我说你就不能慢点走？他说不行呀，狗跑得太快！我们的富贵像极了这条狗，本想悠闲散步，却被权钱名利带着停不下来。有人因此失去健康和自由。

五官的刺激，不是真正的享受；内心的安详，才是富有的人生。

曹雪芹提醒说："荣华易尽，须要退步抽身。"

盛时常作衰时想
上场当念下场时

《富贵》

家教

上不正，下参差。

——《物理论》

当一个社会的少年，因纵情玩耍而不愿回家，因懒惰侥幸而不愿起床，因痴迷游戏而放不下手机，因追求明星而淡漠了学业，但少年本无错，是环境丧失了他们的心志。这社会，有多少缺乏家教的孩子，便有 2 倍以上缺乏教育的家长。

家长不好好学习，孩子怎能天天进步？

西晋哲学家杨泉在《物理论》中给出了答案："上不正，下参差。"

当整个社会都在玩手机

　　我就更担心家里的孩子了

《家教》